U0022166

國家圖書館出版品預行編目資料

手塚治虫／李寬宏著;徐福騫繪.——初版二刷.——
臺北市：三民，2021
面；　公分

ISBN 978-957-14-6160-1（精裝）
1. 手塚治虫(1928-1989) 2 傳記 3.通俗作品 4.日本

781.08　　105009477

創意 MAKER

手塚治虫

作　　者	李寬宏
繪　　者	徐福騫
主　　編	張燕風
企畫編輯	郭心蘭
責任編輯	郭心蘭
發 行 人	劉振強
出 版 者	三民書局股份有限公司
地　　址	臺北市復興北路 386 號 (復北門市) 臺北市重慶南路一段 61 號 (重南門市)
電　　話	(02)25006600
網　　址	三民網路書店 https://www.sanmin.com.tw
出版日期	初版一刷 2016 年 6 月 初版二刷 2021 年 2 月
書籍編號	S857921
I S B N	978-957-14-6160-1

著作權所有，侵害必究
※ 本書如有缺頁、破損或裝訂錯誤，請寄回敝局更換。

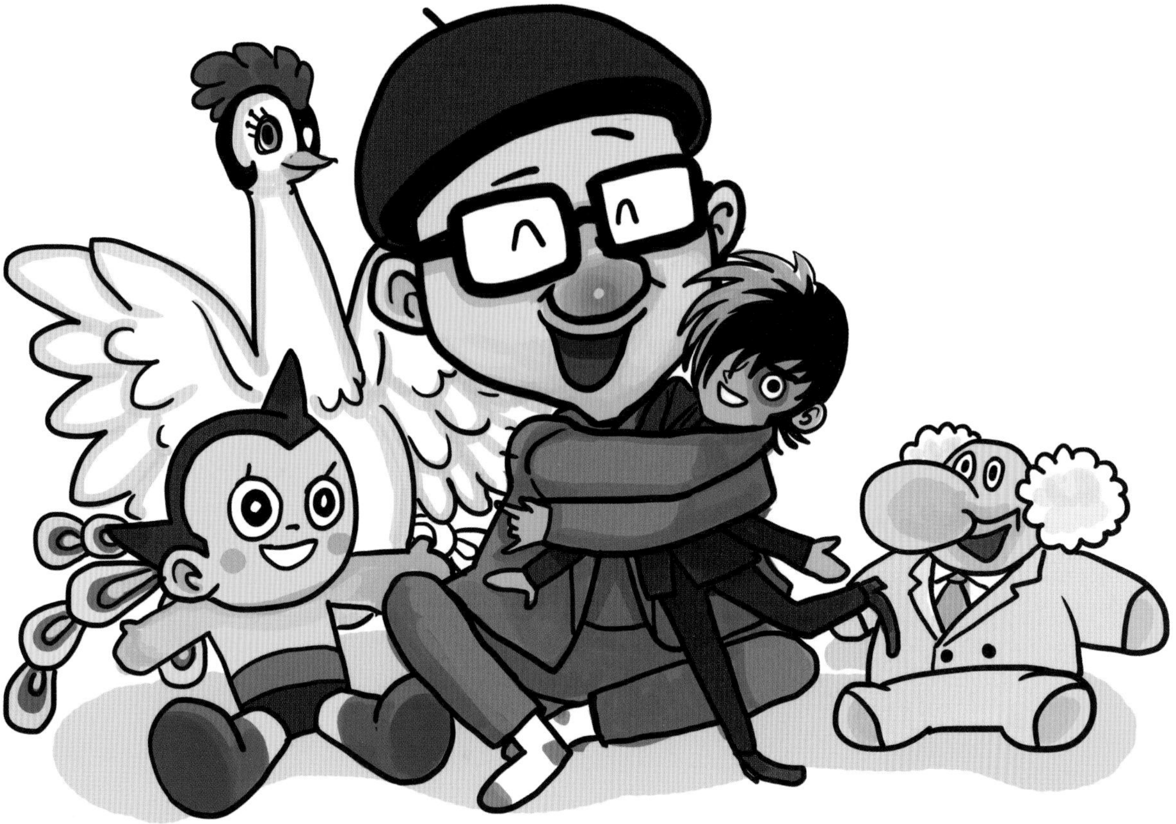

手塚治虫 OSAMU TEZUKA

漫畫之神

李寬宏／著　徐福騫／繪

三民書局

主編的話

抬頭見雲

隨著「近代領航人物」系列廣獲好評，並獲得出版獎項的肯定，三民書局的出版團隊也更有信心繼續推出更多優良兒童讀物。

只是接下來該選什麼作為新系列的主題呢？我和編輯們一起熱議。大家思考間，偶然抬起頭，見到窗外正飄過朵朵白雲。

有人興奮的說：「快看！大畫家畢卡索一手拿調色盤，一手拿畫筆，正在彩繪奇妙的雲朵！」

是呀！再看那波浪一般的雲層上，建築大師高第還在搭建他的尖塔！

左上角，艾雪先生舞動著他的魔幻畫筆，捕捉宇宙的無限大，看見了嗎？

嘿！盛田昭夫在雲層中找到了他最喜愛的 CD，正把它放入他的隨身聽……

閃亮的原子小金剛在手塚治虫大筆一揮下，從雲霄中破衝而出！

在雲端，樂高積木堆砌的太空梭，想飛上月球。

麥克沃特兄弟正在測量哪一朵雲飄速最快，能夠成為金氏世界紀錄。

……

有了，新的叢書就鎖定在「創意人物」這個主題上吧！

大家同聲附和：「對，創意實在太重要了！我們應該要用淺顯的文字、豐富的圖畫，來為小讀者們說創意人物的故事。」

現代生活中，每天我們都會聽見、看見和接觸到「創意」這兩個字。但是，「創意」到底是什麼？有人說，「創意」就是好點子。但好點子是如何形成的？又是在什麼樣的環境助長下，才能將好點子付諸實現，推動人類不斷向前邁進？

編輯團隊為此挑選了二十個有啟發性的故事，希望解答上述的問題，並鼓勵小讀者們能像書中人物一般對事物有好奇心，懂得問「為什麼」，常常想「假如說」，努力試「怎麼做」。讓想像力充分發揮，讓好點子源源不絕。老師、家長和社會大眾也可以藉此叢書，思索、探討在什麼樣的養成教育和生長環境裡，才能有效的導引兒童走向創意之路？

雲屬於大自然，它千變萬化，自古便帶給人們無窮想像；雲屬於艾雪、盛田昭夫、高第、畢卡索……這些有突出想法的人，雲能不斷激發他們的創意；雲也屬於作者、插畫家和編輯團隊，在合作的過程中，大家都曾經共享它的啟發。

現在，雲也屬於本書的讀者。在看完這本書以後，若有任何想法或好點子願意與大家分享，歡迎寄到編輯部的信箱 sanmin6f@sanmin.com.tw。讀者的鼓勵與建議，永遠是編輯團隊持續努力、成長的最大動力。

2015 年春寫於加州

作者的話

親愛的小朋友和大朋友：

我們讀手塚治虫的漫畫，像《怪醫黑傑克》、《原子小金剛》、《火鳥》，或《森林大帝》，對他能想出那麼多精彩絕倫的故事，總是既佩服又驚訝。他的點子到底從哪裡來的？

依照目前社會上認定的標準，手塚治虫其實有一個非常「散漫」的童年。放學或放假的時候，他大部分的時間都是在家後面的山坡上追逐、捕捉昆蟲。抓蟲子跑累了，就到附近的天文館看展覽。他本來單名「治」，因為很喜歡昆蟲，所以在名字後面加了一個「虫」字，當作筆名。

他父親有一架電影放映機，也喜歡買漫畫回家。所以手塚治虫小時候看了一肚子的米老鼠卡通和搞笑的短片。不看電影的時候，他就看漫畫和畫漫畫。每天晚上，他媽媽會讀故事書哄他入睡，但是媽媽讀的不是一般的童書或繪本，而是漫畫。

我猜想，他優游自在、隨性發展的童年，正是他創意的主要來源。

在臺灣，我們常常聽到的兩個口號是「不要輸在起跑點」和「創意」。前者主要是針對小朋友的養成教育，後者則是在大人職場（不管是科學、工程、藝術、商業、烹調）裡面，大家談得最多的萬應仙丹。

為了不讓小朋友輸在起跑點，通常我們的作法是下課後和週末把他們送去補習，而補習的科目可以從國文、英文、數學、物理、化學、歷史、地理這些「正經的」功課，一路到鋼琴、小提琴、繪畫、下棋、書法這些才藝。

很不幸，我們的這些努力卻經常是小朋友創意的殺手。創意像小鳥，需要的是廣闊無際的天空，一隻關在籠子裡面，身上又背負木頭、石塊的小鳥，怎麼能夠飛翔？

但是，親愛的小朋友，請不要誤會，以為從此你就可以理直氣壯的終日無所事事，可以一直玩，一直玩，一直玩⋯⋯。沒錯，手塚的成功有一部分是因為他有一個能自由發揮想像力的童年，可是最關鍵的還是他自己的努力。請看看最後一章你就會明白。不要輸在起跑點固然重要，但更重要的是怎樣才能贏在終點，不是嗎？

謝謝三民書局和主編燕風老師給我撰寫手塚治虫的機會。燕風老師和三民的編輯團隊在我寫作過程中提供許多協助，非常感激。也謝謝蔣淑茹老師在讀了本書初稿後的寶貴建議。

你認識黑傑克嗎？

手塚治虫中年時的聲望如日中天，不但他的漫畫同時在好多家雜誌連載，他的動畫公司所製作的電視動畫，像《原子小金剛》和《森林大帝》也大受歡迎，有一年他的收入在全國的漫畫家裡還名列第一。人人都以認識漫畫之神為榮，他的名片匣爆滿，裡面存了五百多張好朋友的名片。

他的動畫公司生意興旺，擴張很快。不幸的是，漫畫之神非常不善理財，花起錢來毫無節制。不管需不需要，不斷購買昂貴的動畫機器，公司的廠房一直增建，員工人數也不停增加，到最後開銷太過龐大，支出的金錢遠遠超過收入，公司終於破產。

一開始手塚並不著急，心想「我有這麼多好朋友，一定會幫我，怕什麼！」他拿起電話和名片匣裡面的第一張名片，開始撥號。

「喂，請問是中村社長嗎？我是手塚治虫啊。」

「喔，是手塚先生啊。沒想到會接到你的電話。報紙上報導了你公司的消息，真是遺憾啊。你還好吧？」

「我還好，謝謝。是這樣啦，中村社長，既然你已經知道我的情況，我想我們是好朋友嘛，不知道你能不能借我一百萬元應急，因為債主追討得很凶。」

「啊，手塚先生，最近我的公司營運也不太順利，實在幫不上忙，不好意思啦。」

放下電話，改撥第二張名片的號碼，對方說正好要出門，沒辦法多談。第三次撥號，對方一聽到是手塚治虫，馬上掛電話。他想，既然打電話的效果不好，親身拜訪應該比較有希望。結果每一戶人家都有藉口，不是主人不在家，就是正在生病，不方便見客。名片匣的五百多個朋友，沒有一個人伸出援手。

公司因為拖繳電費，已經被電力公司斷電。有一天晚上，他正一個人坐在全黑的辦公室裡發愁，忽然聽到敲門聲。

「請進！」手塚治虫說。他很驚訝，現在大家看到他都像見到鬼一樣，避之唯恐不及，怕他開口借錢，居然還有人自投羅網。

「手塚先生，多年不見，你大概不記得了，我是大阪的葛西健藏。」進來的客人一面和手塚治虫握手，一面自我介紹。

葛西健藏的父親經營一間家具公司，也曾經陷入財務危機。那時葛西健藏請求手塚治虫，准許他們把原子小金剛的圖樣印在兒童的書桌和椅子上，手塚治虫很爽快的答應了。結果印了原子小金剛圖樣的桌椅賣得非常好，公司也因為這項產品而起死回生。

葛西健藏說：「手塚先生，你曾經幫過我們大忙，現在是我們回報的時候。請讓我幫助你。」

手塚治虫說：「謝謝你特地從

大阪趕來東京幫我。唉，債務這麼龐大，我都想逃跑了。」

葛西健藏說：「手塚先生，我會負責和債權人談判，先還清一部分比較急的欠款。剩下的部分，我請他們給你多一點時間，等你賺了錢再慢慢還。」

手塚治虫雖然破產了，但是他還有一項最重要的資產：畫漫畫的才華，這也是他賺錢還債的唯一希望。於是他開始構思一部以醫學為背景的漫畫連載——《怪醫黑傑克》。他先畫了幾個故事拿去給一家漫畫週刊的編輯看，編輯的反應很冷淡，對跌落谷底的漫畫之神說：「最近稿子很擠，先連載四期，看看讀者的反應再說吧。」沒想到讀者愛死了黑傑克，結果這部漫畫在雜誌上連載了五年，成為醫學漫畫的先驅，所賺取的稿費也讓手塚治虫得以把欠債還清。

黑傑克是個無照密醫，可是開刀技術天下第一，而且武功高強，擲刀神準，壞人碰到他算倒了大霉。他可以輕而易舉考到醫生執照，卻偏偏不去考，有人把執照奉上當賄賂，他當場把執照撕毀。這就像手塚治虫有醫學博士的學位，可是從來不印在名片上——他認為真正厲害的人不需要靠頭銜唬人。在《怪醫黑傑克》的〈故人來訪〉這篇故事裡，黑傑克說：「我只要一聽到門

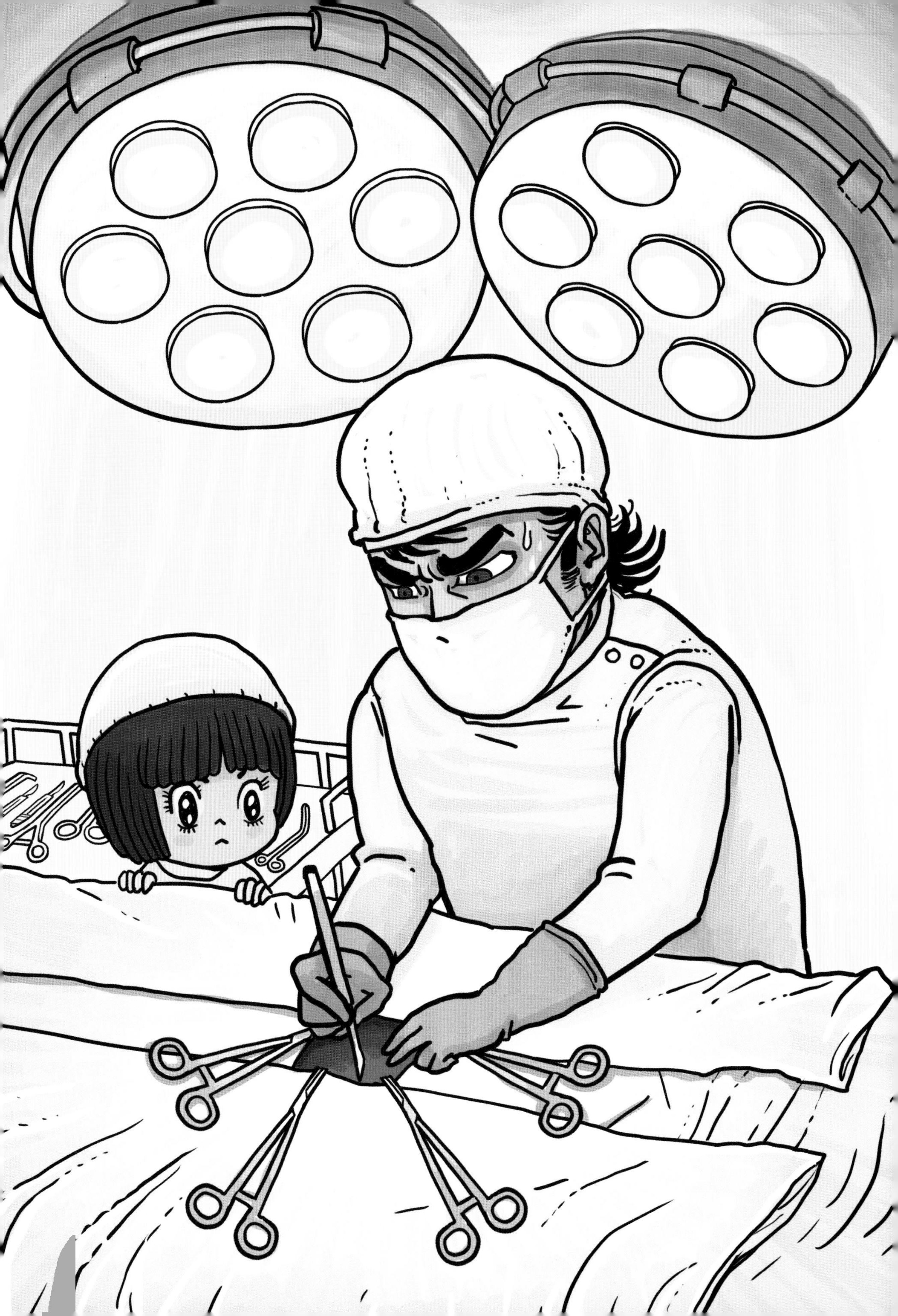

面、家世這些東西就噁心得想吐！那簡直是人類最愚蠢的疾病！」這應該也是手塚治虫的人生觀。

黑傑克的收費貴死了，簡直是天價。他是故意的。他要病人體會到生命無價，即使傾家蕩產醫病也值得。但是對於真正的窮人，他有很奇特的收費方式。比如說，在〈女人的故事〉開頭，黑傑克發現一位女孩子在深夜的小火車站單獨候車。她突然昏倒了，不但臉色發青、腹部積水、而且吐血，黑傑克診斷她得了肝硬化造成的靜脈瘤破裂。因為病情緊急，但是救護車遲遲不來，黑傑克只好在小火車站當場幫她開刀，救了她一命。

她從麻醉醒過來後，對黑傑克說她現在沒錢，但是將來一定會還這筆手術費用。她堅持要知道手術費用的數目，黑傑克只好說，那妳請我吃碗拉麵好了。後來女孩子嫁了一個有錢的貿易商，日子過得很優渥。她要給黑傑克五千萬元的謝禮，黑傑克拒絕了，說：「那是妳先生的錢。」不久之後因為經濟不景氣，女孩子的先生破產自殺，她也再度一文不名。

故事的結尾又回到深夜的小火車站，女孩子終於等到了黑傑克。她從絲襪裡面拿出一個小信封交給他。

站長室

「這是什麼？」黑傑克問道。

「手術費……只是一碗拉麵的錢……抱歉，只有這麼少。」

「不，足夠了。」黑傑克說，「怎麼樣，願意陪我一下嗎？車站後面有間口味不錯的拉麵店！」

《怪醫黑傑克》總共包含兩百多篇短篇漫畫，每篇幾乎都可以延伸成一部電影。它的故事生動，人物鮮明（有誰會忘記酷斃的黑傑克，和可愛指數破表的皮諾可？），繪畫手法明快，呈現的主題多彩繽紛（尊重生命、眾生平等、環保、反戰、親情、人口爆炸、報恩、勵志等等）。不但如此，讀者在不知不覺當中，還能吸收一些醫學知識。因此即使已經出版了四十多年，這部漫畫至今仍然銷路長紅。

有個年輕人曾經告訴我，他讀了七遍《怪醫黑傑克》，讓我很驚訝。他說：「有些故事小時候讀只覺得有趣，但是不太懂它的涵義，現在讀懂了，更喜歡回去重讀。」我很認同，覺得它真的是一部可以和小朋友一起成長的好漫畫。

插在槍口的一朵花

黃昏時候，手塚治虫的家裡傳出鋼琴的聲音，是媽媽在彈琴。媽媽的鋼琴彈得很好，也教會了手塚治虫。

因為自己的天性，再加上小時候媽媽的教導和薰陶，手塚治虫非常喜歡音樂，尤其是古典音樂。他收集許多唱片，工作時不是放唱片，就是聽NHK（日本廣播公司）古典音樂臺的節目。也因此，在他後來的漫畫中，出現了巴哈、海頓、莫札特、貝多芬、蕭邦、舒伯特、柴可夫斯基、史特拉汶斯基等等音樂家的

身影。

1945 年正值第二次世界大戰末期，手塚治虫被分發到大阪附近的一家兵工廠，製造飛機場的零件。當年 6 月，美軍的 B29 轟炸機大舉來襲，它們投下無以計數的燒夷彈，炸毀四周的兵工廠和大半的大阪城。那天他站在監視塔上值班，因而躲過一劫，因為燒夷彈直接命中防空洞，躲在裡面的同學和同事都被炸死了。除此之外，躲在附近堤防底下避難的人群，也全部被炸死，屍體堆積如山，發出燒焦的惡臭。親眼目睹這個景象，手塚治虫以為自己身處地獄。

大阪轟炸所造成屍橫遍

野的慘況，在他年輕的心裡烙下一道永不磨滅的傷痕。他不但把戰爭的殘酷畫進半自傳的〈紙堡壘〉短篇漫畫裡，而且，反戰和尊重生命的訴求，從此成為他作品中經常出現的主題。

手塚治虫的創作產量驚人，保守估計，他一生當中大概畫了四百多部長篇漫畫和一千多篇短篇漫畫，畫稿累積有十五萬張之多。他有一篇很有名的極短篇漫畫，結合了對音樂的熱愛和對戰爭的控訴，名叫〈兩個演奏家〉。故事是這樣開始的：

第二次世界大戰期間，一個日本偵察兵偷偷溜進一間荒廢的教堂。在那裡，他發現一架鋼

琴。手癢之下，他開始彈奏。琴聲吸引了一位美軍，也是個小提琴的演奏者。兩人忘了戰爭，也忘了彼此應該是「敵人」，開始合奏。演奏結束，兩人互道珍重，相約二十年後再來這座教堂一起合奏。沒想到才出教堂，日本兵就碰到飛機轟炸，雙眼因而受傷失明。

過了二十年，兩人都信守承諾，回到當初的教堂。失明的日本兵發現美國兵也在戰爭中失去右手，看來兩個人合奏是不可能了……不，合奏還是可能，因為兩人都帶了好幾個孫子來。這些小朋友組成一個樂團在臺上表演，他們有的彈鋼琴，有的演奏弦樂器，有的吹小號，有的負責打擊樂器。坐在底下觀眾席欣賞的，不僅有那兩個昔日的「敵人」（他們現在聊得可開心了），還有一群大大小小的米老鼠。

我非常喜歡這個故事，一直覺得短短五頁的漫畫，反戰的效果遠遠超過一篇五萬字的宣言。

織夢的人和偷夢的人

《原子小金剛》才剛開始在漫畫雜誌上連載，就受到許多家長和老師的攻擊：

「怎麼會有飛來飛去的機器人？簡直胡扯！」

「人類怎麼可能跑到月球去？」

「內容荒唐透頂，教壞小孩子！」

但是小孩子根本不理會那些無聊又無趣的大人，他們愛死了那個有十萬匹馬力，身上配備機關槍，聽力是平常人一千倍，眼睛是強力探照燈的小金剛。他英

掃蕩不良書刊
請願書
12

勇俊帥，上天入地打擊壞人，保護人類，是所有兒童的英雄。

批評《原子小金剛》和其他漫畫的聲音越來越強烈，家長和老師把小孩子成績低落、閱讀能力下降、或品行不佳都歸罪於漫畫。這股批評的聲浪，最後蔓延成全國的「掃蕩不良書刊運動」，有些團體甚至在學校操場堆起整卡車的漫畫，公開燒毀。連載漫畫的雜誌也從書店和百貨公司下架。

手塚治虫聽到這些消息，非常生氣。他說：「這就像古代，把無罪的女人當巫婆抓來處以火刑。許多童書文字艱澀，故事沉悶，小孩子怎麼讀得下去？相反的，漫畫的故事生動，繪畫手法活潑，小孩子當然喜歡啊！」

他認為孩子們比大人更有想像力，所以小孩子的畫充滿了無拘無束的幻想，這一點和漫畫家很接近。也可以說，很多漫畫家的內心都像孩童，很天真，因此他們的作品會受小孩子歡迎。他說：「因為我想給孩子無限伸展、無限開闊的夢，所以我畫漫畫。」

可是這樣的夢想卻被成年人

恥笑、謾罵，說它不但荒唐而且不切實際。孩子們的夢，就這樣一點一滴，慢慢被摧毀了。難怪手塚治虫認為，扼殺孩童想像力的凶手，正是大人！

還好，「掃蕩不良書刊運動」很快就結束了。但是到今天，因為手塚治虫作品裡面活潑生動的人物、扣人心弦的情節、靈活有如電影畫面的繪畫手法，讓我們仍然著迷於他的漫畫。

到底好看在哪裡？

2577年在獵戶星座航行的一艘太空船與一顆小遊星擦撞，強烈的撞擊驚醒正在冬眠的四位太空人。他們奔到艦橋，發現當班的太空人已死，手腳和身體被捆綁在座椅上，屍體乾枯有如木乃伊，手掌底下留下幾個字：「我是被殺死的。」

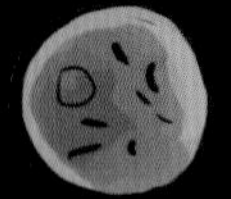

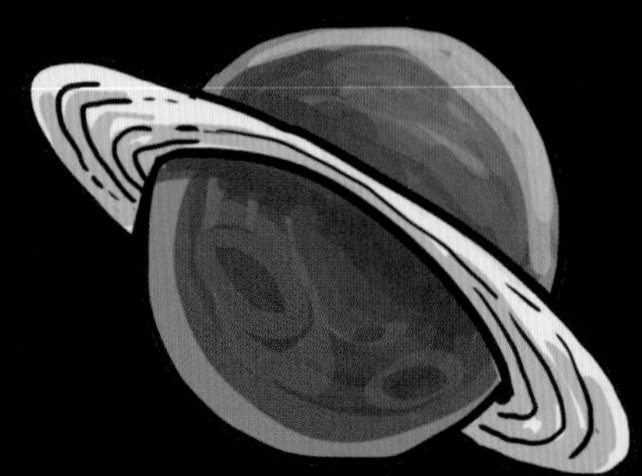

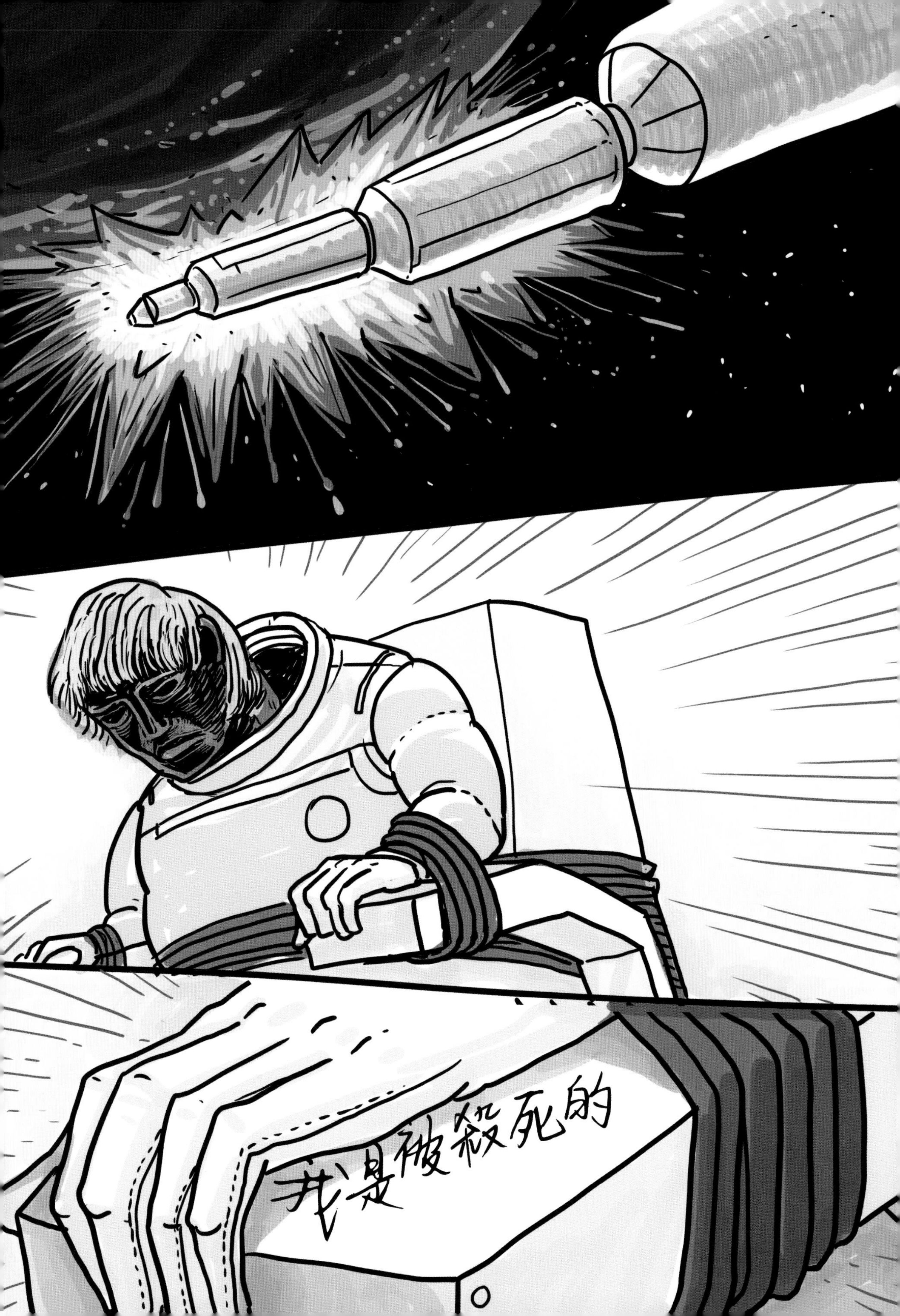
我是被殺死的

這是手塚治虫巨著《火鳥》裡面〈宇宙篇〉的開頭。從這裡，他展開一篇集科幻、推理、愛情、善惡對決的故事，情節曲折離奇，讓我們讀了愛不釋手。

手塚治虫因為非常喜歡看電影，所以不知不覺把電影的手法用在漫畫上。在他的第一部長篇漫畫《新寶島》裡面，故事一開頭主角小P開著跑車出場，手塚

治虫不但用特寫鏡頭強調小P臉上的表情，還藉由鏡頭拉長、推近、再拉長的運鏡技巧，和視覺角度的變化捕捉跑車奔馳的場景，這樣的畫面充滿了立體感和速度感，簡直像在看電影一樣。小孩子哪看過這麼酷的漫畫？立刻瘋狂搶購。短時間內這部漫畫就賣了四十萬冊，也奠定手塚治虫漫畫大師的地位。

迷人的故事，無限的想像空間，和電影般快節奏的畫法，使得手塚治虫的作品至今還深受讀者喜愛。

小學三年級的時候，手塚治虫的班上來了一個新導師。第一天上作文課，老師在黑板上寫了「乾秀雄」三個字，然後對大家說：「各位同學早安，我叫乾秀雄，是你們的新導師，以後請叫我乾老師。」

然後乾老師發給每個學生十張稿紙，說：「我們今天的作文，沒有題目，隨便你們寫，高興寫什麼就寫什麼。每個人至少要寫滿十張稿紙，稿紙不夠來跟我要，你們要寫三十張、四十張、五十張都可以。課堂上寫不完不要緊，可以帶回家繼續寫。」

這真是個威力強大的震撼彈，全班都愣住了。居然有不訂題目的作文！以前上作文課，寫的總不外乎「我的志願」啦，「遠足記」啦，「如何孝順父母」啦，「民族英雄○○○」啦等等正經八百、無聊透頂的題目。現在乾老師竟然不給題目，

讓大家自由發揮——意思就是說可以吹牛瞎掰、惡搞鬼扯，真是太讚了！大家不禁喜形於色，正要高呼萬歲，忽然轉念一想，不對，乾老師說至少要寫完十張稿紙，這，會有點頭痛。

以前的作文課只要在一個鐘頭裡面寫完兩張稿紙，而且把作文範本上的成語和詩詞抄個五、六句，通常就會得到「甲上」的成績，和「思想純正，文辭優美」的評語。現在要寫滿十張稿紙，再怎麼掰，也填不滿。

幾天後交卷時，有一位同學在十張稿紙上畫滿了ZZZZZ的記號，表示他寫到睡著了，乾老師當然給他一個大鴨蛋。手塚的死黨石原交出一篇叫做〈想不出來要寫什麼好〉的有趣文章，說他拚命想了好幾個晚上，實在想不出要寫什麼，然後就開始東拉西扯，把他想到又放棄的點子全部抖出來，拉拉雜雜居然寫了二十張稿紙。更妙的是，乾老師說石原很有創意，給了他「甲上」。

全班最喜歡上作文課的，應該就是手塚治虫了。他本來就很喜歡編故事，現在有乾老師所給的廣闊無邊的園地，當然更讓他的想像力無拘無束的奔馳。於是他的作文裡面不但有公主、王子、好人、壞人，還有小貓、小狗、老虎、螞蟻、螳螂。他的故事裡面有情節及對話，常常一寫就是三、四十張稿紙，像是一篇短篇小說。

多年後，手塚治虫回憶說：「我所受到的自由作文教育，真的很特別，對我幫助很大，到現在我仍然很感謝乾老師。我之所以學會編故事的技巧，全拜乾老師之賜。」

手塚治虫從很小就喜歡畫漫畫，他會把父親買回來的漫畫書拿來，臨摹書上的人物。有一天，他畫了整整一本筆記本的故事，帶到學校給同學看。石原在上課時偷偷拿出來看得津津有味，還發出「嘻嘻嘻」、「哈哈哈」的笑聲，沒想到被乾老師發現了。

「喂，石原君，你吵死了！你課本底下壓著什麼，拿過來！」

石原只好把那本漫畫筆記本乖乖交給老師。

乾老師翻了一下筆記本，問道：「這誰畫的？」

「手塚君。」石原回答。

「手塚君，下課後到辦公室

來。」乾老師說。

手塚治虫心想這下死定了，不但心血結晶的筆記本被沒收，可能還會被老師處罰。下課後，他心裡七上八下、垂頭喪氣走去教職員辦公室。沒想到一進入辦公室，卻看到老師們正在傳閱他的漫畫筆記本，而且也是一面讀一面哈哈大笑。乾老師看到他來了，就把筆記本還他，微笑著說：「手塚君，沒事了。你喜歡畫漫畫就畫吧！」

因為乾老師的鼓勵，從此手塚治虫可以在學校大剌剌的畫漫畫，再也不需要提心吊膽了。

手塚治虫升上中學時，正是第二次世界大戰打得最激烈的時候，學校裡一天到晚要學生學習立正、稍息、匍匐前進、劍道、柔道、刺槍等等軍事訓練課，對於作文、美術等「不重要」的課程根本完全忽略。

即使如此，手塚治虫仍然整天畫漫畫，好像戰爭完全與他無關，好幾次被教官抓到，都被罵得狗血淋頭：「戰爭期間，你還在畫這些沒用的東西。到底有沒有愛國心啊！真是混帳！」這時美術老師岡島吉郎就會替他辯護：「教官，手塚這孩子很有才氣。將來他一定可以在漫畫的領域出人頭地，也是報效國家的一種方式，就請你不要為難他嘛。」

有一回在美術教室裡，岡島老師對他說：「手塚君，不管戰爭變得多麼激烈，就算是被抓去當兵了，你也不要放棄畫漫畫。你一定會成功的，千萬不要放棄。」岡島老師的鼓勵，讓他非常感動，一生銘記於心，不能忘懷。

在手塚治虫小時候，每天晚上睡覺前，媽媽會讀床邊故事給他聽。最妙的是，媽媽讀的不是童話或繪本，而是漫畫書。媽媽的演技很好，她不是平鋪直敘的念故事，而是隨著人物的個性和

對白改變聲調。壞人出場時，她眼露凶光，拳打腳踢，用很粗暴的音調吆喝，把手塚嚇得躲到棉被裡；要是小女子因為被壞人搶走身上僅有的一點財物而哭泣，媽媽的聲音就變得可憐兮兮，還

學小女子哭得抽抽噎噎，害手塚也因同情而掉眼淚。

手塚在醫學院畢業後，對於未來職業的選擇很迷惘。他既想當醫生，又想當漫畫家。舉棋不定之下，跑去問媽媽：「媽媽，我想到東京畫漫畫，可是也想留在故鄉當醫生。」

「你真正喜歡的是哪一樣？」媽媽問。

「我喜歡漫畫。」手塚回答。

「真的那麼喜歡漫畫的話，就到東京去吧！」

媽媽的一句話，改變了手塚的一生。

手塚小時候家裡有許多漫畫書，他把那些漫畫看得滾瓜爛熟，故事的情節和人物的對白都能倒背如流，沒事就臨摹漫畫書裡面的人物。

爸爸有一架電影放映機，他常常買片子回來放映。從小學到中學，手塚在家裡看了一籮筐的米老鼠、卓別林，和其他的卡通短片，埋下愛好電影的種子。

後來華德·迪士尼又推出卡通長片，手塚簡直瘋狂了——他總共看了五十遍的《白雪公主》和八十遍的《小鹿斑比》。青少年時，他一年看三百多部真人演的電影，平均一天看一部。對電影的熱愛不知不覺影響他的漫畫手法，使他的漫畫活潑生動，吸引許多讀者。

手塚治虫有很好的家庭環境培養他的興趣，不但如此，他生命中還有三位貴人給他非常大的幫助：媽媽、乾老師、岡島老師。他是一個很幸運的人，但是光靠運氣不可能成為漫畫之神，最重要的是他自己的努力。

他家裡有父親收藏的《世界

文學全集》，那是大部頭的著作，在書架上所占的空間就像十幾部大辭典排在一起。他在小學和中學時就把它們全部讀完了，有的還讀了好幾遍，像俄國大文豪杜思妥耶夫斯基的《罪與罰》。大量的閱讀奠定了他的基本功，使他後來能編出幾千個非常有趣的故事。

有一句話說「臺上一分鐘，臺下十年功」，意思是舞臺上每一瞬間光鮮亮麗的表演背後，都是無止盡的練習。魔術師為什麼不會穿幫，把人鋸成兩半？芭蕾舞者怎麼能夠連續轉動三十二圈，不但頭不暈，姿勢還那麼優雅？因為同樣一個動作他們已經

做了幾十萬次。我們看手塚治虫漫畫裡面的人物表情生動、場景逼真，這是因為他從小學三年級開始到大學畢業，每天都在瘋狂的練習。

即使已經成名，手塚治虫仍然是個拚命三郎，一點也不懈怠。他畫《原子小金剛》的時候，總共有十部漫畫同時在雜誌上連載。為了趕稿，經常在工作室吃飯糰充飢，常常連續熬夜兩三晚不睡覺，偶爾才有時間回家一趟，因此他的兒女根本不認識他，還以為他是「那個有時會帶很多禮物來看我們的叔叔」。

還有，我們不要忘了，他不僅是個漫畫家，還是個醫學博士。沒有醫學的專業知識，他不可能畫出兩百多篇迷人的《怪醫黑傑克》，讓他在破產後能夠浴火重生。而這條通往漫畫家兼醫學博士的道路，又是多少心血鋪成的？

手塚治虫 

OSAMU TEZUKA

1928
出生於日本大阪
府豐中市

1939
喜歡昆蟲，以
「治虫」為筆名

1945
- 到大阪兵工廠工作
- 就讀大阪大學附屬醫學專科

1946
四格漫畫《小馬日記》開始連載

1947
長篇漫畫
《新寶島》出版

1951
大阪大學附屬
醫學專科畢業

1952
《原子小金剛》
開始連載

1956
日本全國發起掃蕩
不良書刊運動

1961
獲得醫學博士學位

1963
第一部日本自製電視動畫
《原子小金剛》在富士電視臺播放

1965
第一部日本自製彩色電視動畫
《森林大帝》在富士電視臺播放

1967
《火鳥》開始連載

李寬宏

臺灣屏東人，很黑。清華大學核子工程學士，美國普度大學機械工程碩士、博士，近視一千兩百度。在美國讀書、工作三十年後退休，喜歡吃披薩配啤酒。

著有《艾雪》、《費曼》、《約翰・藍儂》、《雙Q高手：孔子》、《搞怪神童：莫札特》、《星際使者：伽利略》、《鈴，鈴，鈴，請讓路：第一次騎腳踏車》、《愛唱歌的小蘑菇：歌曲大王舒伯特》、《兩千五百歲的酷老師：至聖先師孔子》等書。

徐福騫

自由插畫師、紋身師、低調的細節完美主義者，喜畫鬼神。畫在紙上、牆上、螢幕上、皮膚上。隨意、內斂、敏感、大膽、自我、誇張、古怪又溫情、不擅長面對人群。

商業插畫、時尚雜誌、電影海報、廣告宣傳，甚至塗鴉牆繪和動畫短片，只要感興趣，都樂意去嘗試。一隅小天地、一支筆、一把紋身槍、三五好友，再來點小酒。偶爾憤然，也坦然。有才，有理想，熱愛生活的 70 後。

1973
- 動畫製作公司破產倒閉
- 《怪醫黑傑克》開始連載

1980
以漫畫大使身分在聯合國和美國許多大學演講

1989
在東京去世

適讀對象：
國小低年級以上

創意MAKER

飛越地平線，
在雲的另一端，

撥開朵朵白雲，你會看見一道亮光……

是 **創意 MAKER** 的燈泡亮了！

跟著它們一起，向著光飛翔，由它們指引你未來的方向：

（請依直覺選擇最具創意的顏色）

選　　的你

請跟著畢卡索、艾雪、安迪·沃荷、手塚治虫、鄧肯、凱迪克、布列松、達利，在各種藝術領域上大展創意。

選　　的你

請跟著盛田昭夫、7-Eleven創辦家族、大衛·奧格威、密爾頓·赫爾希，想像引領創新企業的挑戰。

選　　的你

請跟著高第、樂高父子、喬治·伊士曼、史蒂文生、李維·史特勞斯，體驗創意新設計的樂趣。

選　　的你

請跟著麥克沃特兄弟、格林兄弟、法布爾，將創思奇想記錄下來，寫出你創意滿滿的故事。

本系列特色：

1. 精選東西方人物，一網打盡全球創意 MAKER。
2. 國內外得獎作者、繪者大集合，聯手打造創意故事。
3. 驚奇的情節，精美的插圖，加上高質感印刷，保證物超所值！

還有！還有！

內附注音，小朋友也能「自・己・讀」！
創意 MAKER 是小朋友的必備創意讀物，
培養孩子創意的最佳選擇！

三民網路書店 會員

獨享好康 大放送

書種最齊全

服務最迅速

通關密碼：A2180

憑通關密碼

登入就送 100 元 e-coupon。
（使用方式請參閱三民網路書店之公告）

生日快樂

生日當月送購書禮金 200 元。
（使用方式請參閱三民網路書店之公告）

好康多多

購書享 3% ～ 6% 紅利積點。
消費滿 350 元超商取書免運費。
電子報通知優惠及新書訊息。

超過百萬種繁、簡體書、外文書 5 折起

三民網路書店 www.sanmin.com.tw